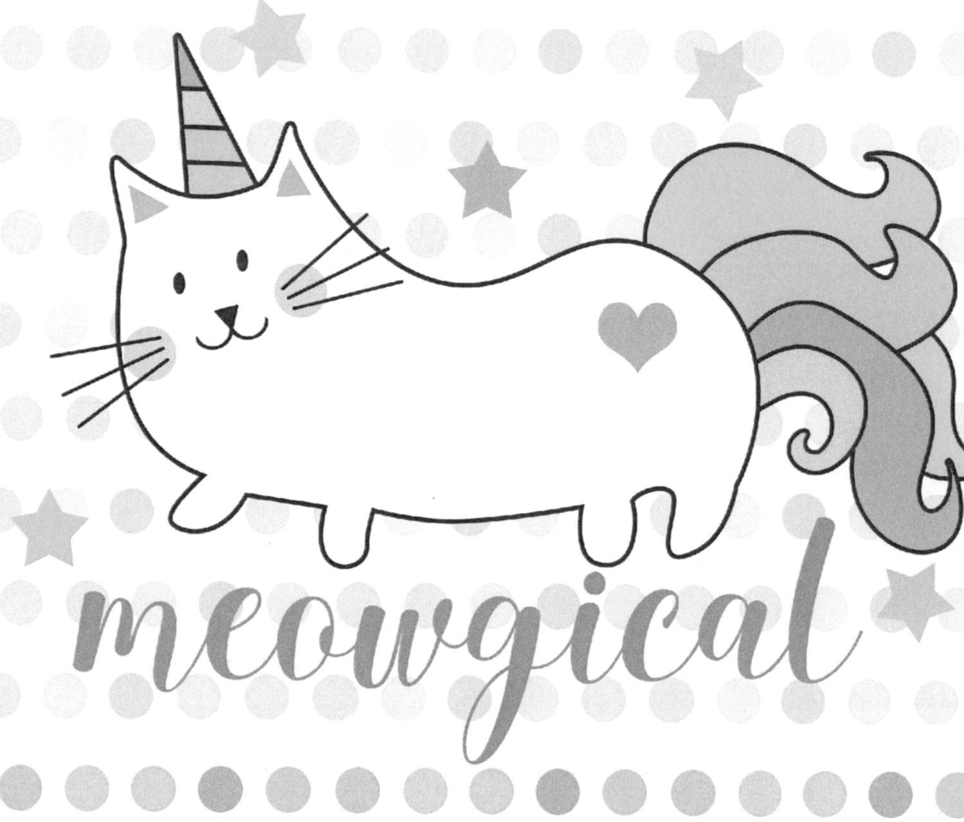
meowgical

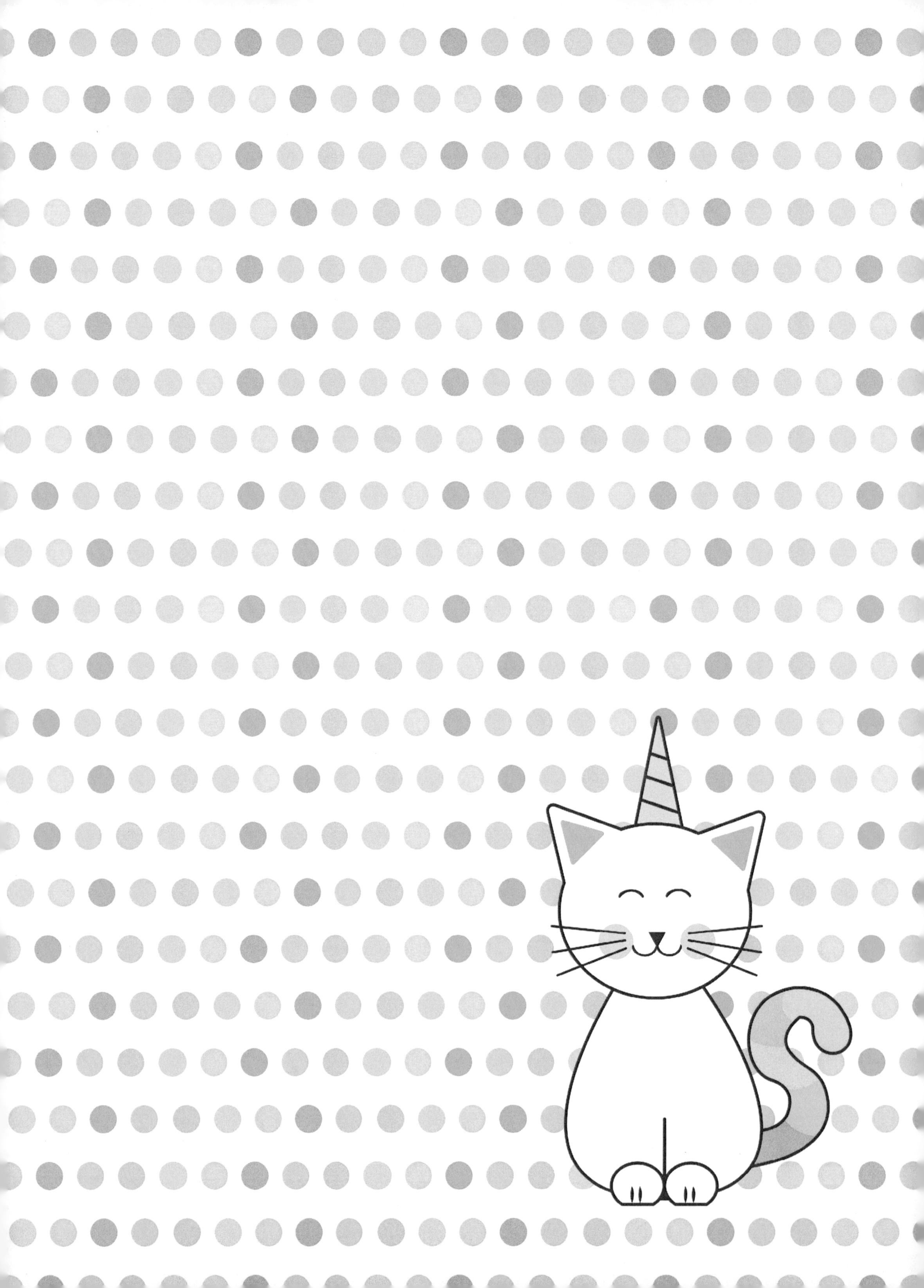

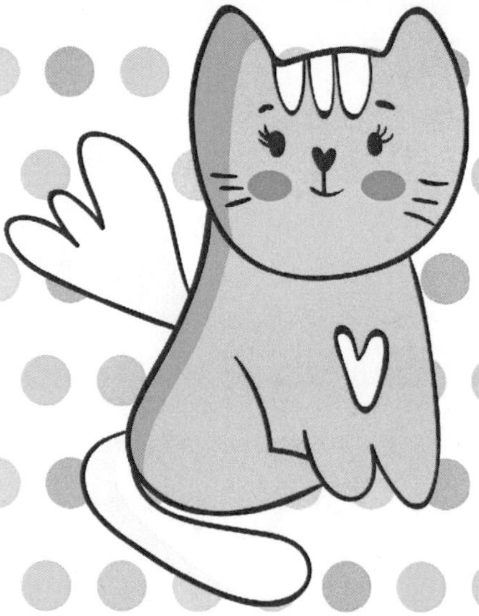

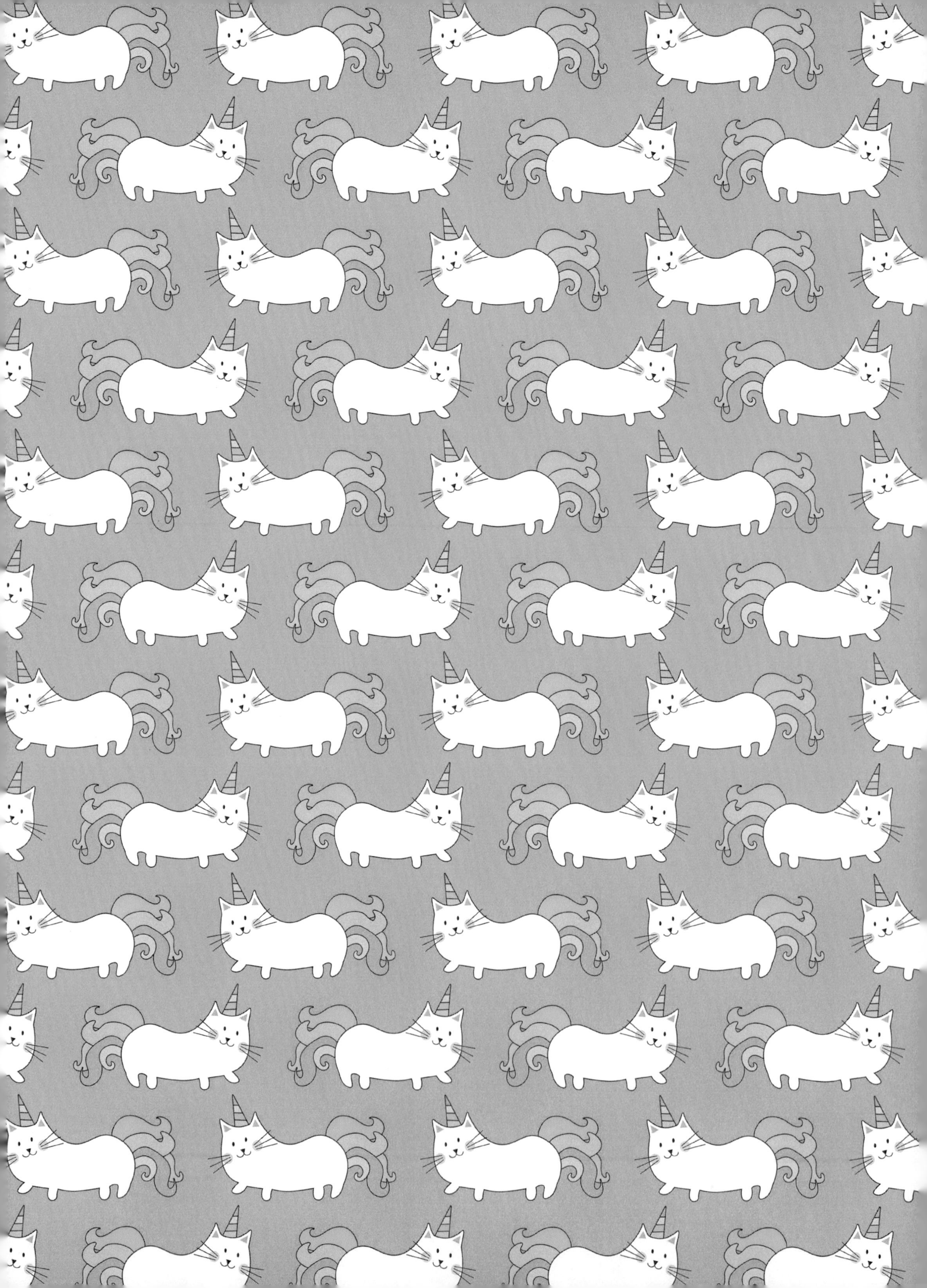

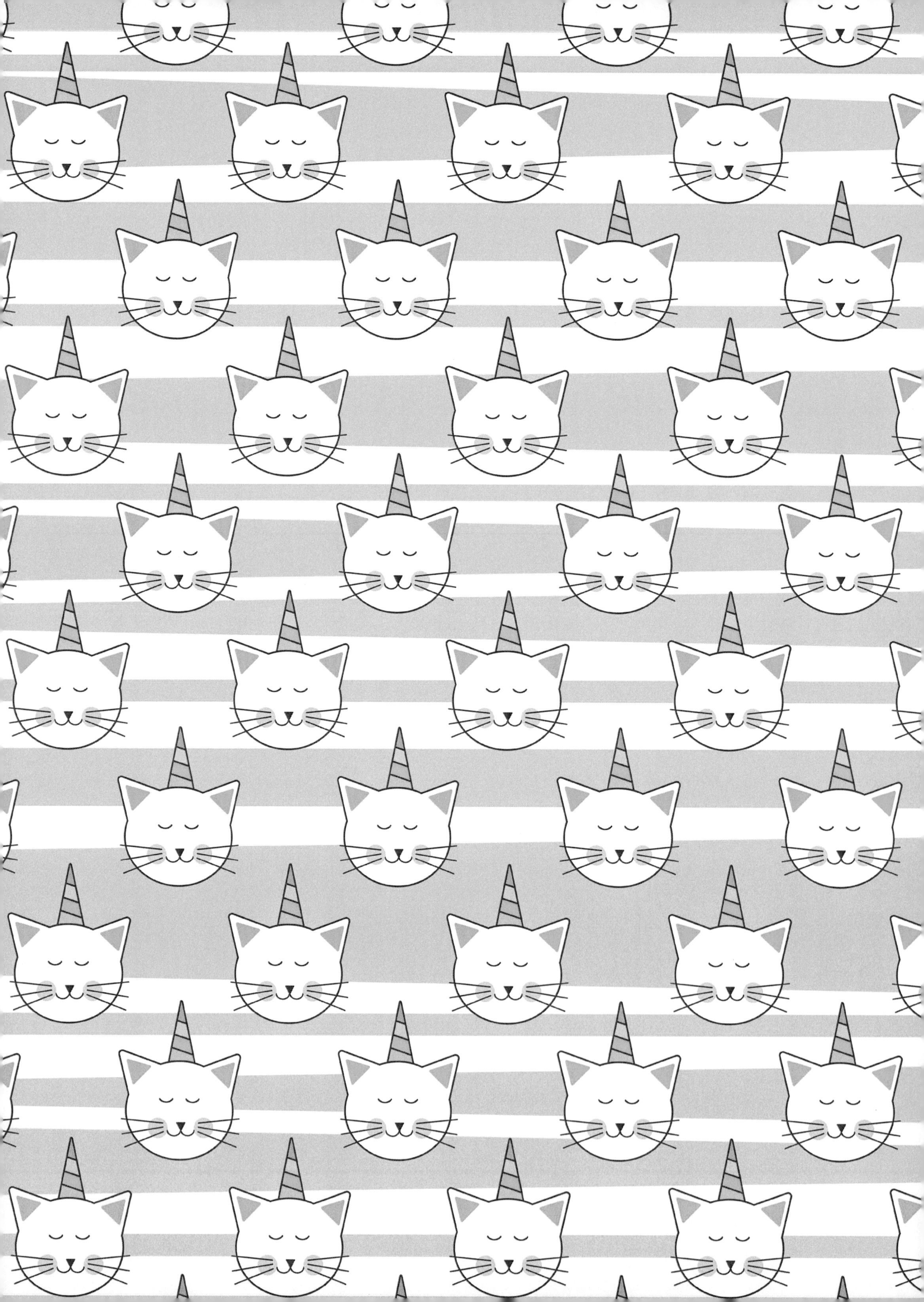

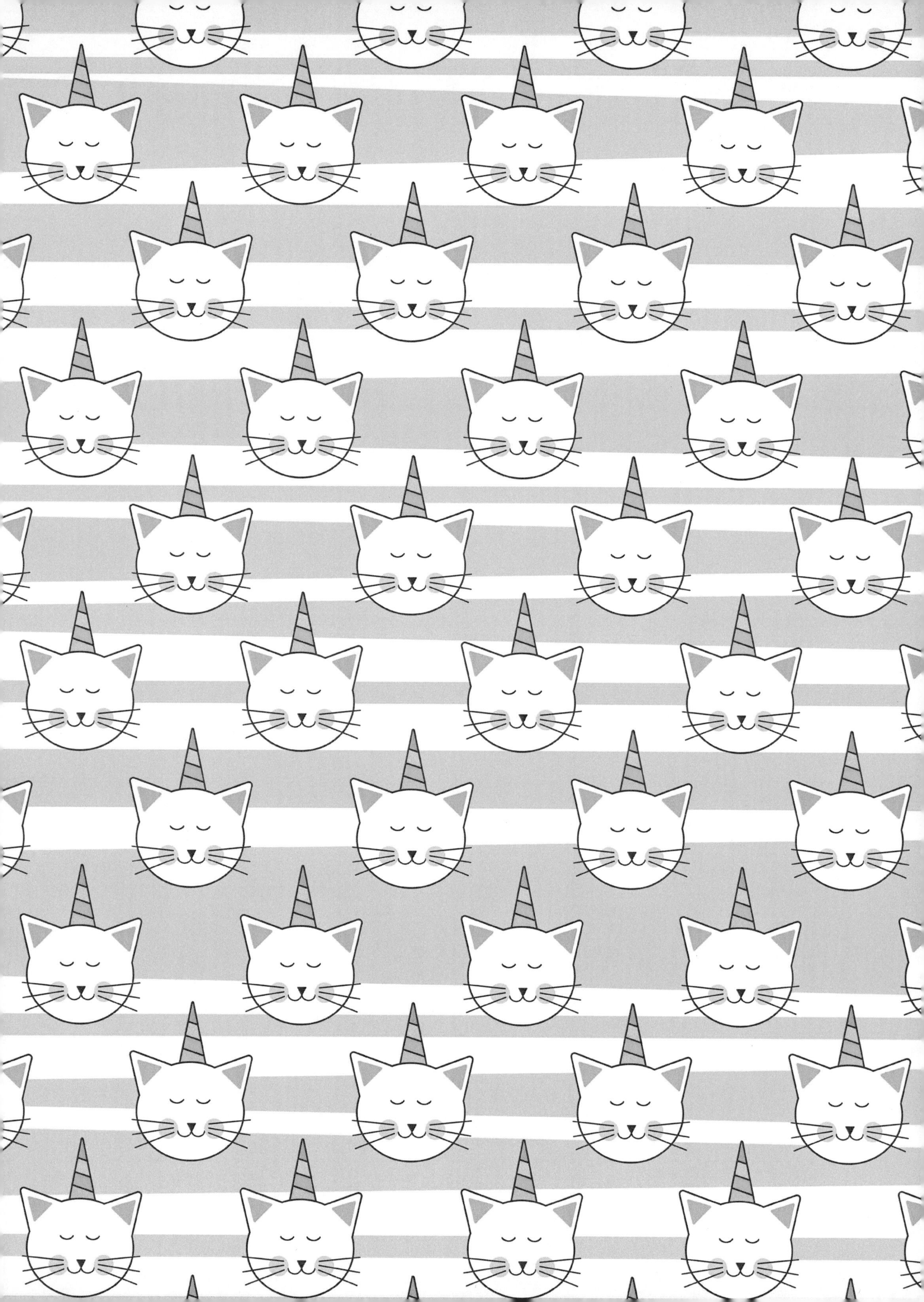

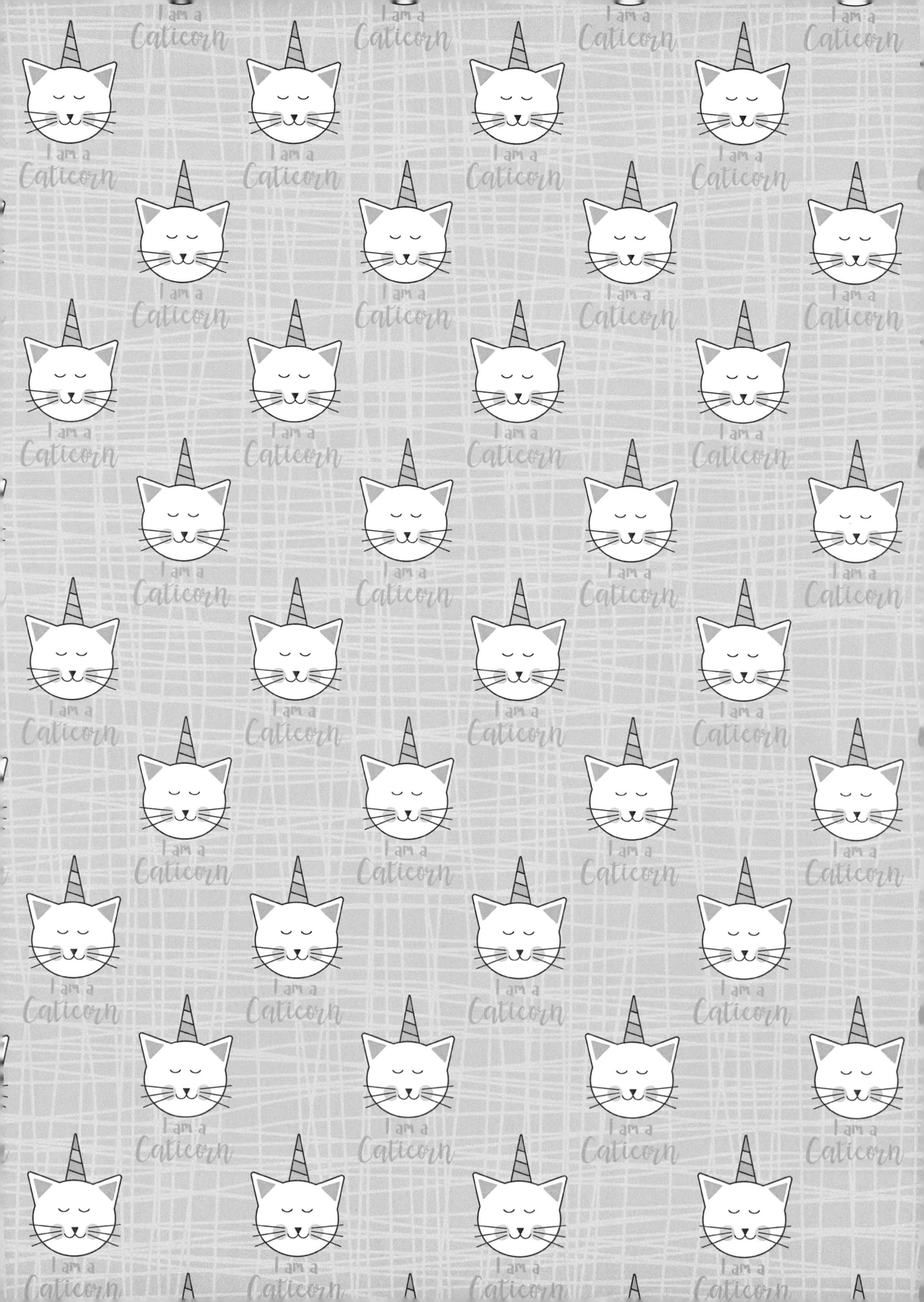
I am a
Caticorn

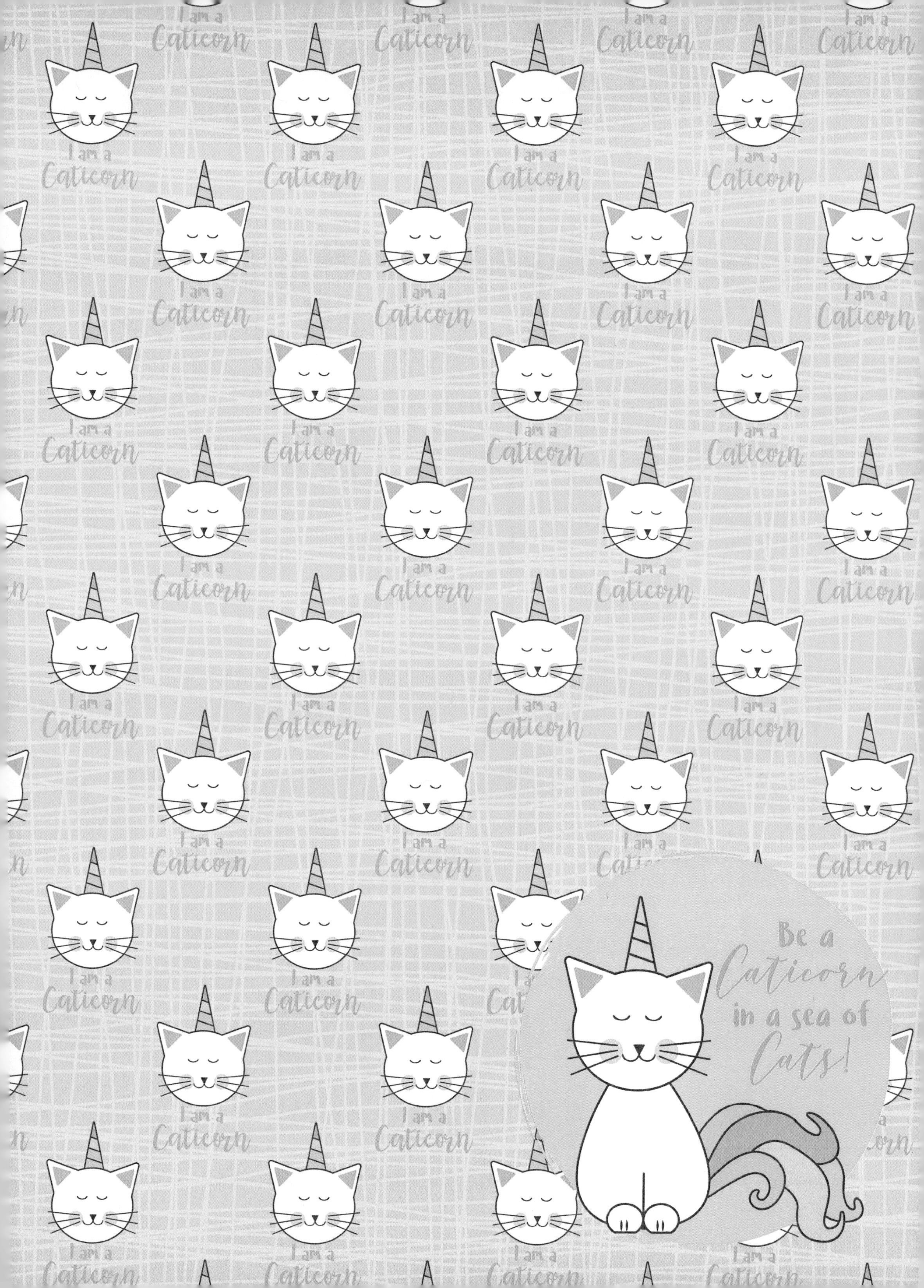
I am a Caticorn
Be a Caticorn in a sea of Cats!

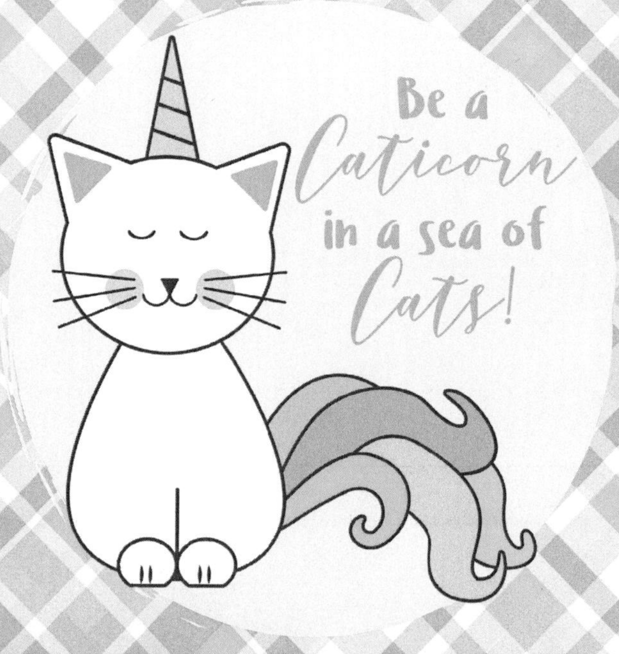
Be a
Caticorn
in a sea of
Cats!

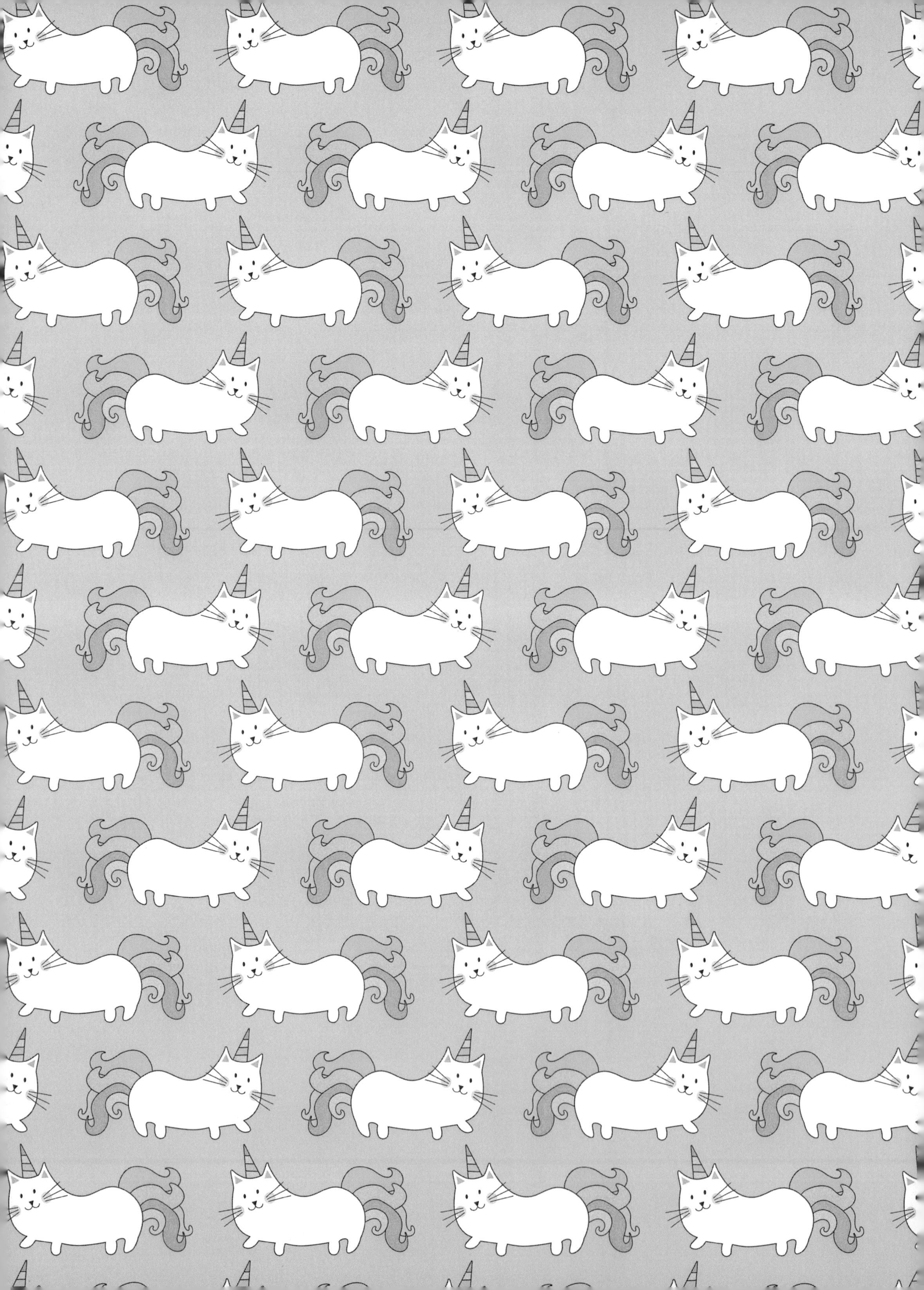

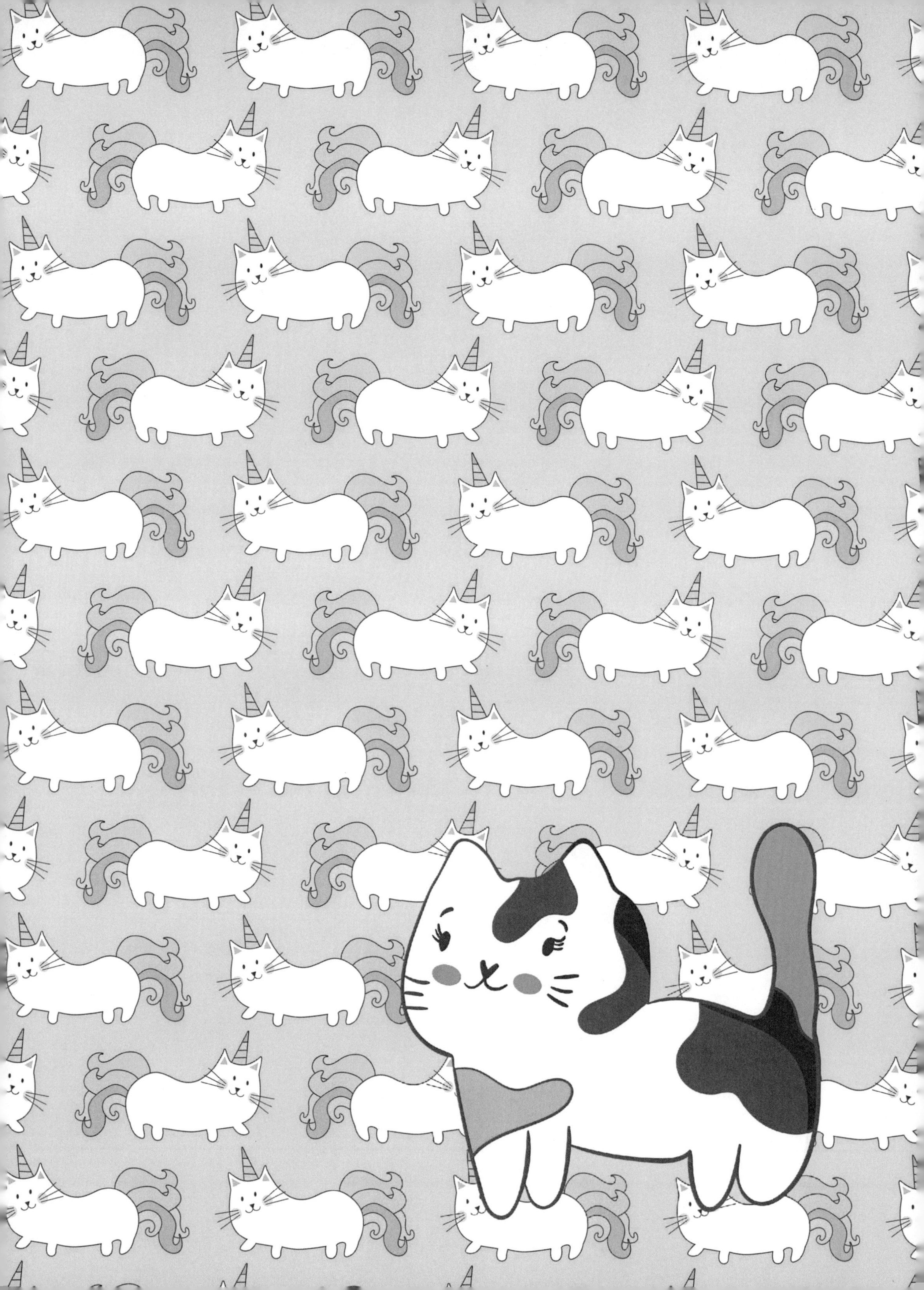

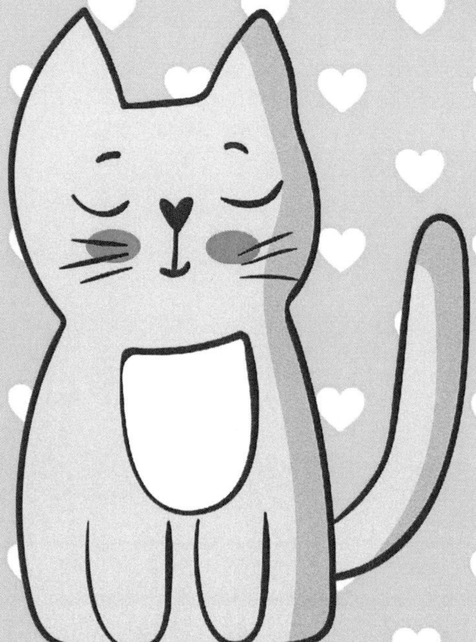

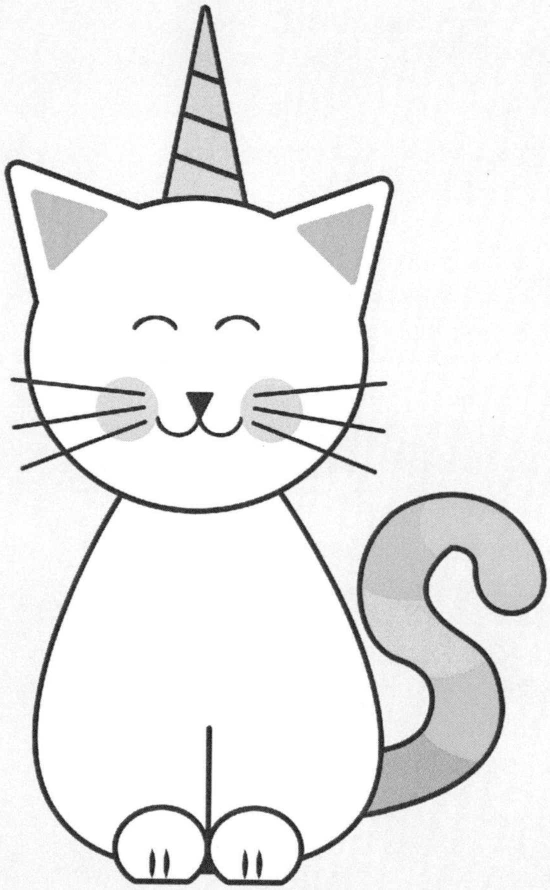

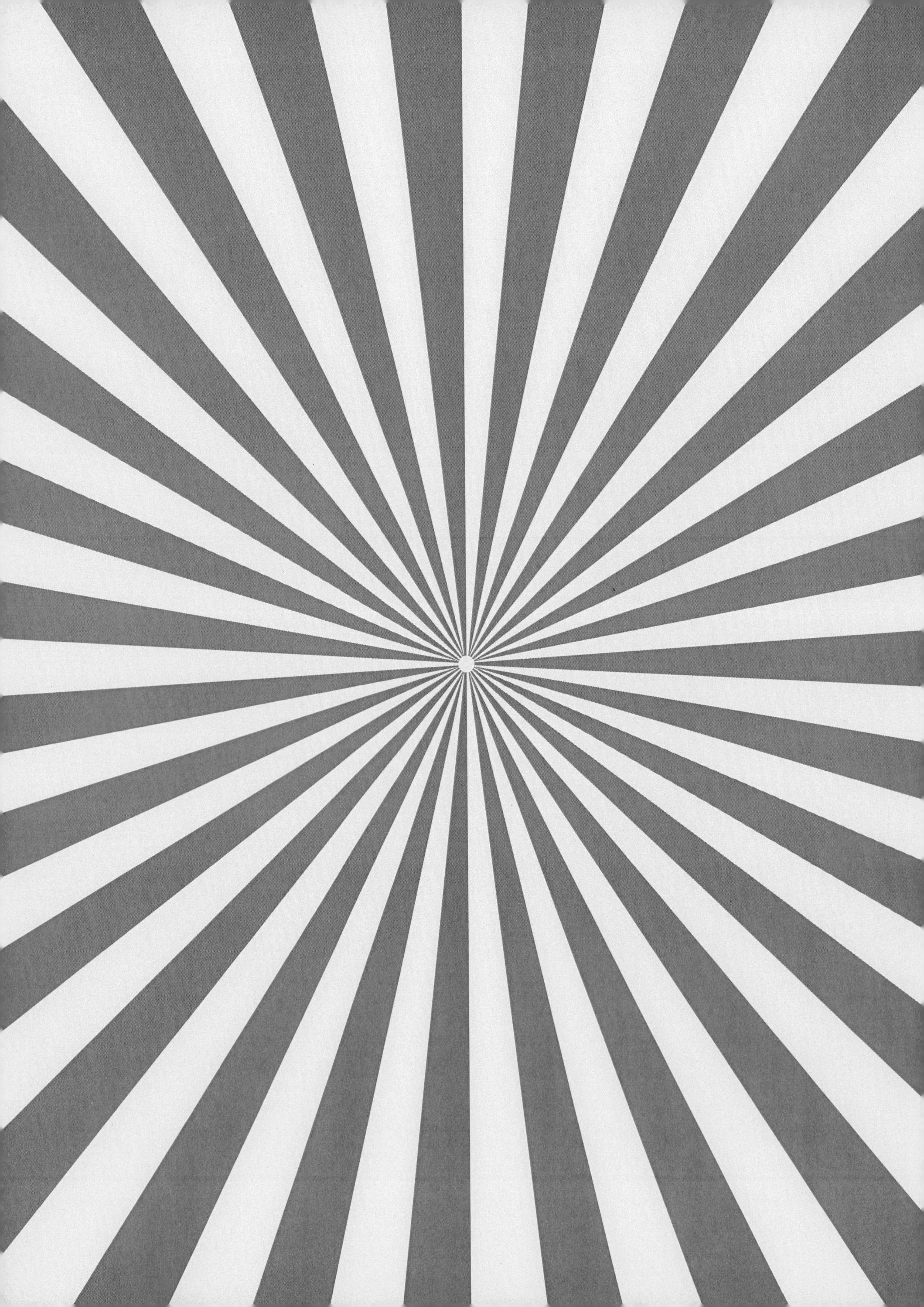

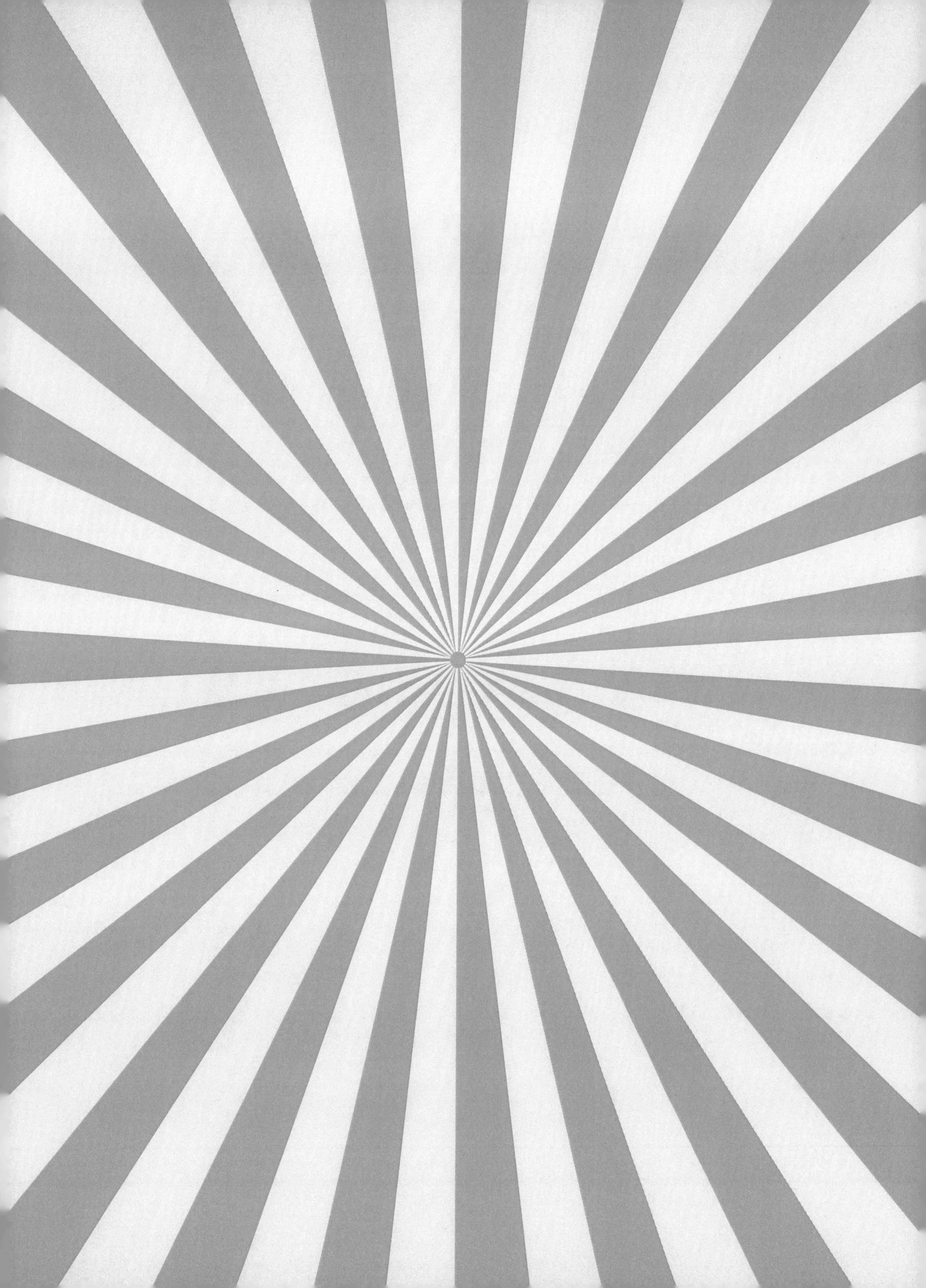

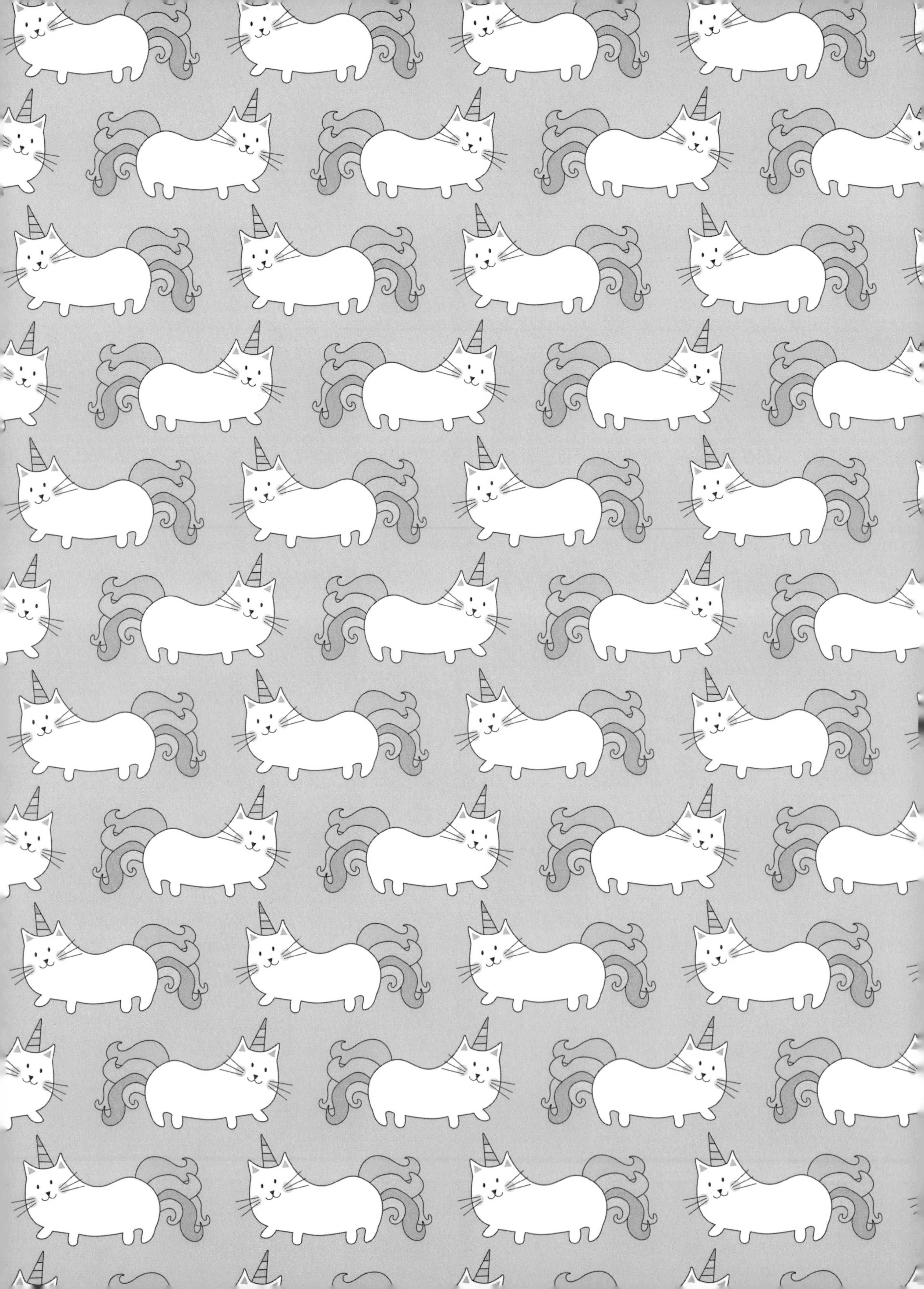

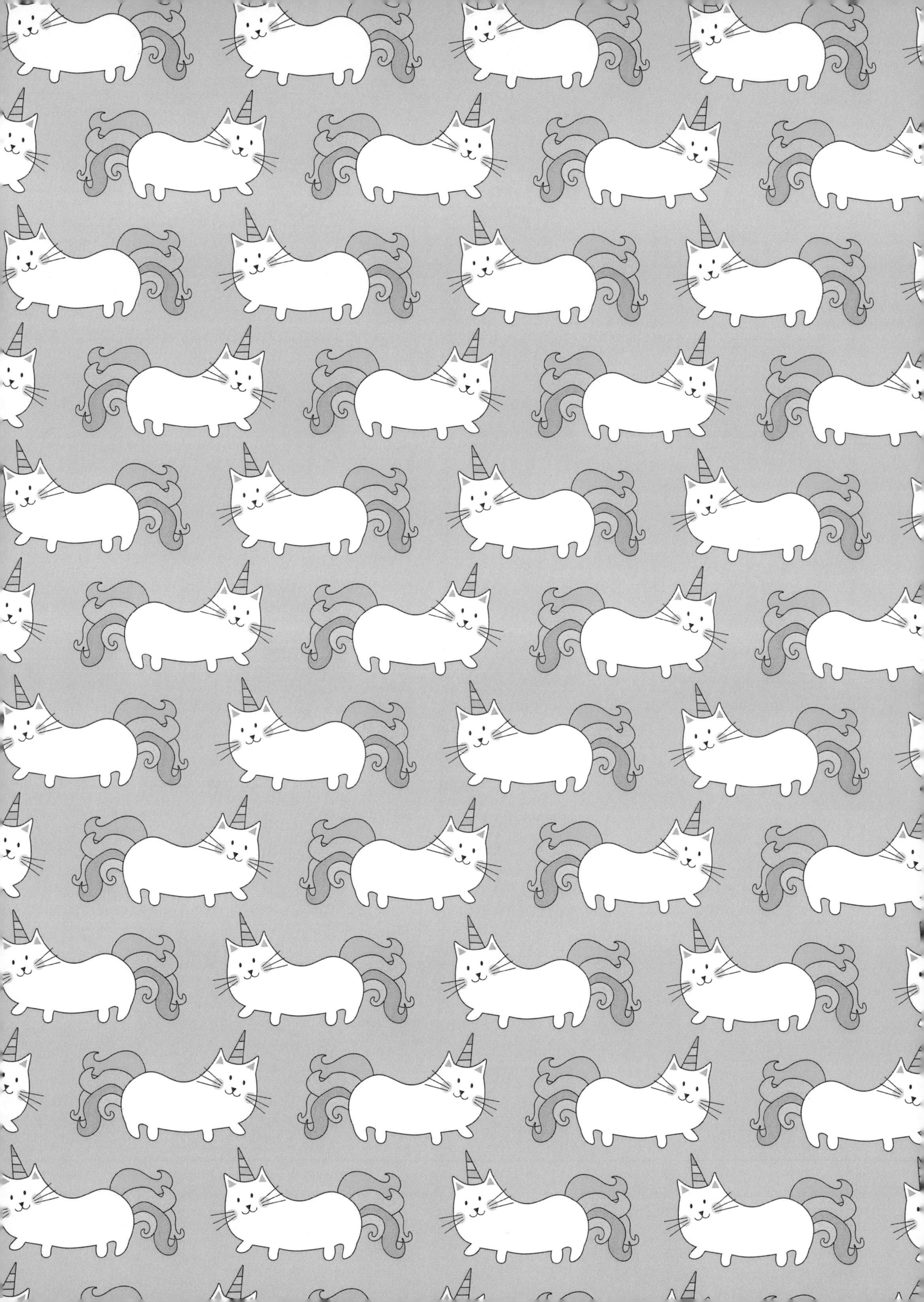

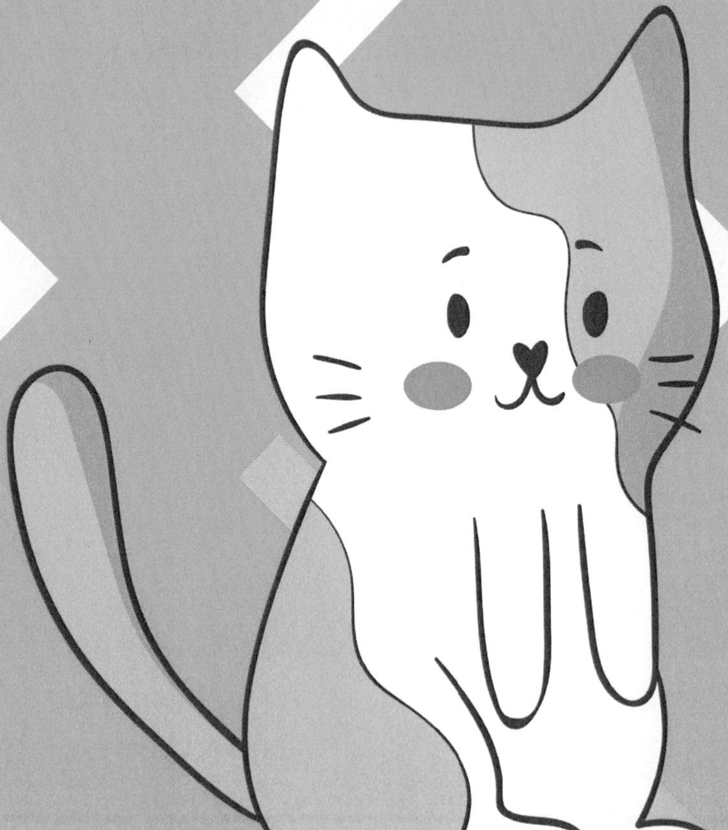

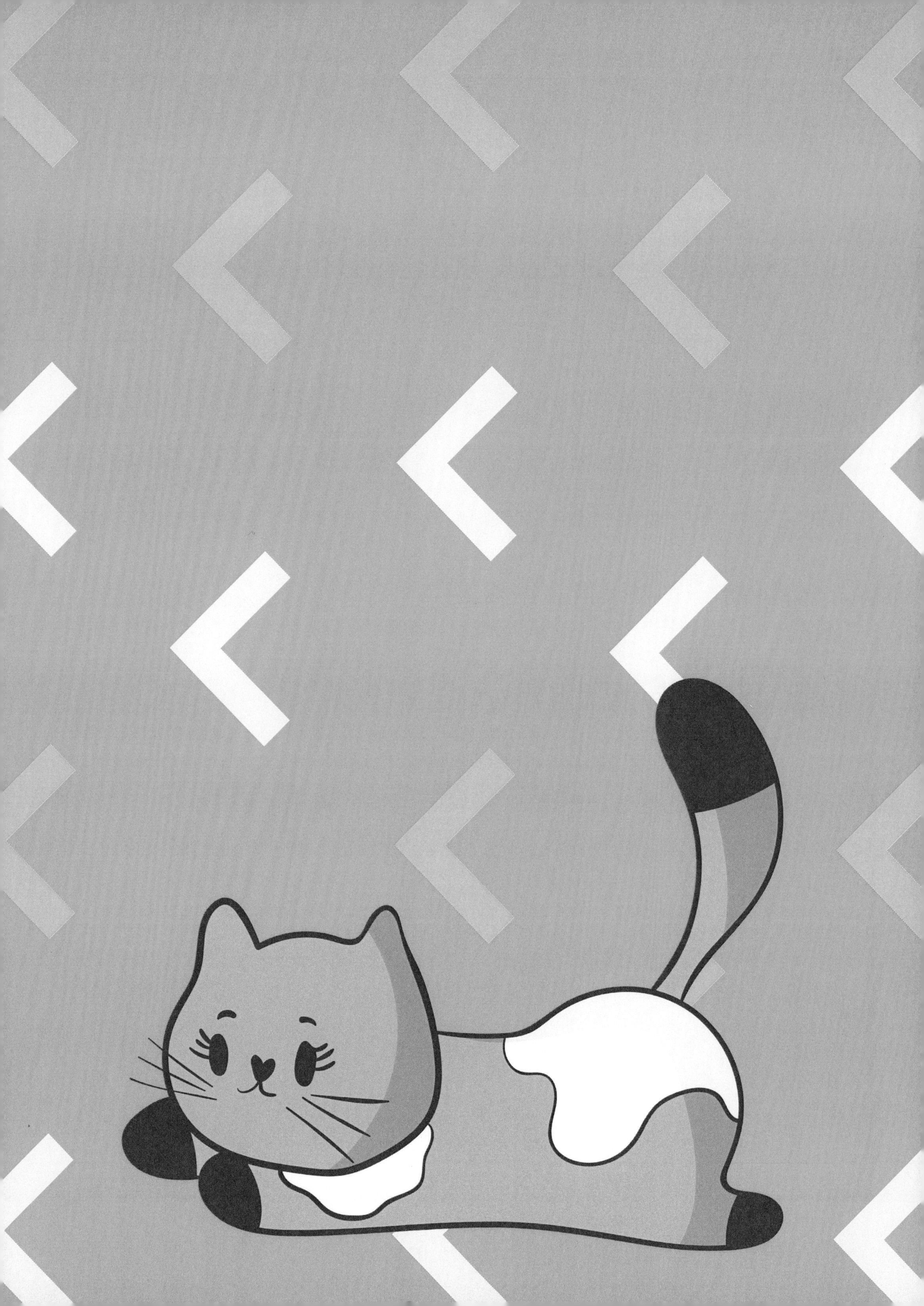

94682046R00018

Made in the USA
San Bernardino, CA
13 November 2018